Marly Motta

Rio, Cidade-Capital

Jorge Zahar Editor
Rio de Janeiro

Jorge Zahar Editor Ltda.
rua México 31 sobreloja
20031-144 Rio de Janeiro, RJ
tel.: (21) 2240-0226 / fax: (21) 2262-5123
e-mail: jze@zahar.com.br
site: www.zahar.com.br

Composição eletrônica: TopTextos Edições Gráficas Ltda.
Impressão: Geográfica Editora

Capa: Sérgio Campante
Vinheta da coleção: ilustração de Debret

CIP-Brasil. Catalogação-na-fonte
Sindicato Nacional dos Editores de Livros, RJ.

Motta, Marly
M875r Rio, cidade-capital / Marly Motta. — Rio de Janeiro: Jorge Zahar Ed., 2004
il.; – (Descobrindo o Brasil)

Apêndice
Inclui bibliografia
ISBN 85-7110-779-3

1. Rio de Janeiro (RJ) – História. 2. Rio de Janeiro (RJ) – Política e governo. I. Título. II. Série.

CDD 981.531
04-0893 CDU 94(815.31)

Sumário

Crédito das ilustrações

1. Jean-Baptiste Debret, *Vista do Largo do Palácio no Rio de Janeiro*. Reproduzido de *Viagem pitoresca e histórica ao Brasil*, tomo 3, prancha 1 (Belo Horizonte, Itatiaia, 1989).

2. Avenida Central. Fotografia de Augusto Malta; reprodução fotográfica Mauro Antonio Belandi. Acervo do Arquivo Geral da Cidade do Rio de Janeiro.

3. Exposição do Centenário da Independência, 1922. Acervo da Fundação Getulio Vargas/CPDOC, Arquivo ACM.

4. Desfile da Juventude, 7 set 1943. Acervo da Fundação Getulio Vargas/CPDOC, Arquivo Gustavo Capanema.

5. Ministério da Educação e Saúde. Acervo da Fundação Getulio Vargas/CPDOC, Arquivo Gustavo Capanema.

6. Aterro do Flamengo em construção. Acervo do Instituto Brasileiro de Geografia e Estatística.

7. Palácio Tiradentes, s.d. Acervo da Fundação Getulio Vargas/CPDOC, Arquivo Ulysses Silveira Guimarães.

8. Aspecto da Biblioteca Nacional, 1945. Acervo da Fundação Getulio Vargas/CPDOC, Arquivo Gustavo Capanema.

Introdução

O Rio de Janeiro faz parte da história mundial.
Como pode ser um município qualquer?
Francisco de Mello Franco

Em 1992, surgiu um movimento chamado "Rio-capital" que defendia a volta da capital federal para o Rio de Janeiro. Não por acaso aquele foi o ano em que se realizou no Rio a Conferência do Meio Ambiente, a chamada ECO-92, que recolocou a cidade no papel de "vitrine" do país, ao mesmo tempo em que Brasília, tachada de "ilha da fantasia, oculta e isolada", era apontada como responsável pelos "desmandos" do governo Collor. Em que pese a limitada repercussão das propostas do "Rio-capital", deve-se levar em conta, no entanto, o papel da memória da *capitalidade* como elemento fundamental da identidade política do Rio de Janeiro.

São dois os objetivos principais deste trabalho. O primeiro é entender o processo de construção do Rio de Janeiro como *cidade-capital* do Brasil, para o que será necessário trilhar a via por onde circularam os projetos simultâneos e interligados de formação do Estado e da nação no Brasil imperial e republicano. O outro é compreender por quê, mais de quatro décadas depois de ter deixado de ser a capital do país, a cidade do Rio de Janeiro ainda funda sua identidade política sobre a tradição de ser "a síntese da nação".

Livre dos limites ditados por uma abordagem histórica para a qual contavam apenas as mudanças de caráter econômico, a cidade deixou de ser apenas sinônimo de capitalismo, mercado, industrialização e urbanização. Vista como parte integrante de um mundo de símbolos entrelaçados, passou a ser entendida não apenas pelo que seu traçado e distribuição física permitem ver, mas principalmente como símbolo de identidade de um espaço geográfico e social, como forma expressiva de conteúdo histórico e representativa de conceitos e valores.

A matriz dessa concepção está em Lewis Mumford, que deu ênfase especial aos aspectos organizacionais e sociais do processo de formação das cidades. Filiado a essa corrente teórica, Giulio Argan criou a categoria cidade-capital como elemento explicativo fundamental para o estabelecimento das monarquias absolutistas européias no século XVII. Sedes da autoridade do Estado, dos órgãos do governo e da administração pública, comandando o movimento militar, controlando as principais rotas de comércio e a distribuição de recursos financeiros, monopolizando a arte, a cultura e o gosto, as cidades-capitais revelaram-se um objeto particularmente atraente para um tipo de abordagem que as analisa como o lugar da política e da cultura, como núcleo da sociabilidade intelectual e da produção simbólica, representando, cada uma à sua maneira, o papel de foco da civilização, núcleo da modernidade, teatro do poder e lugar de memória.

Cidade representativa de um valor ideológico, a capital passou a ocupar um espaço relevante nas análises que buscaram entender a montagem e a construção dos Estados nacionais modernos. A importância conferida aos símbolos, signos, práticas e valores que cristalizam o sentimento de pertencer a essa "comunidade imaginada", cuja existência se deve à invenção de uma série de tradições capazes de atualizar constantemente sua legitimidade, explica o papel decisivo das cidades-capitais como *locus* de construção da identidade nacional.

A cabeça do Império

Com a transferência da sede da monarquia para o Rio de Janeiro em 1808, consolidou-se a idéia de construir um império na América Portuguesa. Ao substituir Lisboa, à qual cabia fornecer sentido e significado às "capitanias separadas", a cidade deveria se tornar o baluarte da construção desse império. Para tanto, seria preciso adaptá-la a essa nova condição, dotando-a de instituições-chave que marcassem seu lugar de Corte, como se dizia à época.

No pobre cenário da cidade colonial teve então lugar uma verdadeira febre de empreendimentos. Fundaram-se escolas — de medicina, de marinha, de guerra, de comércio; uma Imprensa Régia, que sempre fora recusada à colônia; uma livraria, que seria o núcleo da futura Biblioteca Nacional; o Jardim Botânico; a Academia de Belas-Artes, o Teatro Real, o Banco do Brasil. Mas isso não bastava. A própria configuração urbanística da cidade precisava se adequar a essa função de cenário do poder imperial. Com a vinda dos mestres da Missão Artística Francesa a partir de 1816, fachadas neoclássicas e arcos triunfais foram projetados para dar ao Rio de Janeiro a cara de uma capital européia. A esse respeito, cabe registrar o depoimento de Jean-Baptiste Debret sobre a coroação de dom Pedro I:

> Pintor de teatro, fui encarregado de nova tela, cujo bosquejo representava a fidelidade geral da população brasileira ao governo imperial, sentado em um trono coberto por rica tapeçaria estendida por cima de palmeiras. A composição foi submetida ao primeiro-ministro, José Bonifácio, que a aprovou. Pediu-me apenas que substituísse as palmeiras naturais por um motivo de arquitetura regular, a fim de não haver nenhuma idéia de estado selvagem. Coloquei então o trono sob uma cúpula sustentada por cariátides douradas.

A ruptura política com Portugal e a indispensável organização do Estado brasileiro demandaram a elaboração das bases dessa nova nacionalidade. À estruturação político-territorial centralizada e unificada deveria corresponder uma produção simbólica capaz de cimentar uma determinada identidade nacional. Identidade que deveria garantir a essa nação tropical um lugar no mundo civilizado.

Seguindo as indicações de Ilmar Rohloff de Mattos, os políticos conservadores — os chamados "saquaremas" — atribuíram à chamada "cabeça do Império" a função de matriz geradora de valores capazes de delinear o perfil da jovem nação. Se a capital brasileira não tomou a forma ordenada e reguladora do tabuleiro de xadrez hispano-americano, isso não significou que de sua configuração urbana estivessem ausentes os elementos que a tornaram o modelo de nação que se queria construir. A partir do centro da cidade, por onde corriam "as rodas do carro social", ou seja, onde se localizavam o Paço, o Senado, a Câmara dos Deputados e a Câmara Municipal; a Escola Militar e os quartéis; as igrejas; o Correio; a Caixa de Amortização; o porto — partiam círculos concêntricos hierarquizando os homens e as coisas, expressando, enfim, que tudo se achava sob controle.

Um conjunto de iniciativas era, no entanto, indispensável para traçar o perfil dessa capital em construção, a começar pela definição de sua organização política. O governo da cidade foi entregue a uma Câmara Municipal com oito vereadores, que substituiu o antigo Senado da Câmara. A Câmara da Corte, como era chamada, ficou subordinada ao ministro do Império em aspectos fundamentais, como por exemplo, a aceitação dos nomes dos eleitos. Da mesma maneira, a aprovação do orçamento e das posturas da Câmara dependia do parecer da Assembléia Geral ou do Ministério do Império.

A abdicação de Pedro I em 1831, ao mesmo tempo que gerava inquietação e incerteza sobre os rumos futuros do país, favoreceu o debate em torno das instituições políticas, principalmente no tocante às relações entre os poderes e entre o Estado central e as províncias. A imposição do modelo centralizador pelo Ato Adicional de 1834, criando o Município Neutro separado da província fluminense, foi um dos elementos fundamentais da construção da cidade-capital brasileira, marcando, ao mesmo tempo, sua diferenciação em relação aos outros municípios e subordinação ao governo central. O visconde do Uruguai, importante líder da trindade saquarema ao lado do visconde de Itaboraí e de Euzébio de Queiroz, indicava que, como agente da centralização, o Rio de Janeiro deveria ser capaz de se sobrepor "às localidades divididas por paixões e parcialidades odientas que tornam impossível uma administração justa e regular".

A construção da capital imperial como lugar da unidade não podia se limitar, no entanto, à definição de seu arcabouço político-jurídico. Um segundo componente fundamental dessa construção deveria ser a capacidade da capital de anular a visão provinciana, garantindo a imposição de hábitos e costumes, de padrões de comportamento, de linguagem, de gosto e de moda, a partir de uma clara intenção unificadora e homogeneizadora. Aos modos de agir, pensar e sentir da "província", a capital teria que contrapor padrões e normas que deveriam ser internalizados por todos aqueles desejosos de se tornar "homens da Corte". As comédias de Martins Pena, como *Um sertanejo na corte* e *O juiz de paz na roça,* ou ainda as revistas do ano que "inventavam" o Rio de Janeiro, apesar de produzidas em períodos diferentes, são boas fontes para se perceber o processo de inferiorização do provinciano frente ao habitante da capital.

Esse processo de construção da capital como centro formador do "espírito nacional" precisava, claro, contar com uma intelectualidade capaz de organizar um discurso sobre a formação, composição e definição da nação. É nesse sentido que devem ser compreendidos os esforços dos intelectuais contemporâneos à formação do Estado Imperial — tanto no campo das letras e dos ensaios histórico-geográficos quanto na área das artes plásticas — no enfrentamento de um duplo desafio: o de promover a unidade nacional e o de cumprir a missão civilizadora, ambas indissoluvelmente conectadas.

Reconstruir o passado e escrever a biografia da nação eram tarefas indispensáveis à constituição do Estado nacional. Não por acaso, coube aos *regressistas*, identificados com a política centralizadora, criar, em 1838, instituições como o Instituto Histórico e Geográfico Brasileiro (IHGB) e o Arquivo Público do Império (Arquivo Nacional), que tinham como objetivo viabilizar um projeto de pensar a história brasileira de forma sistemática. O que estava em jogo era a definição de um perfil para a nação brasileira capaz de lhe garantir uma identidade própria. Movimento de dupla face, atingindo ao mesmo tempo o público interno e externo, uma vez que as questões básicas que então nortearam o discurso histórico-geográfico oscilaram entre a inserção do país no conjunto das nações civilizadas, de um lado, e a manutenção da unidade interna, de outro.

Seria na articulação das histórias regionais com a história nacional que mais nitidamente se observaria o florescer desse projeto claramente centralista e unitário. A partir do IHGB, no Rio de Janeiro, deveria ser — e efetivamente foi — empreendida a leitura das histórias regionais, desprovidas de suas potencialidades/especificidades políticas, evidenciando que era na capital que se operava o sistema de representações que definia as regiões. Ou seja, foram os historiadores da Corte, como Francisco Adolfo Varnhagen, que, partindo de uma determinada reordenação do passado, qualificaram a inserção das províncias no conjunto nacional.

Para além de discussões entre historiadores e literatos sobre a origem e formação do povo brasileiro — branco, índio, negro, mestiço —, era necessário que se estabelecessem estratégias políticas de controle e subordinação, especialmente da população da capital, cuja proximidade física representava constante fonte de preocupação para a elite dirigente. Heterogêneo em sua composição, o povo que habitava o Rio de Janeiro deveria ser, ao mesmo tempo, unificado e hierarquizado. Não por acaso, uma das práticas para enfrentar a ameaça de rompimento da unidade nacional nos idos de 1838 foi o realce da pompa real. Em suntuosas solenidades públicas, quando o regente Araújo Lima deliberadamente recolhia-se à penumbra, colocava-se em foco a figura do imperador. O beija-mão, então restabelecido, simbolizava o reconhecimento do jovem monarca como senhor natural de seus súditos. Com o mesmo objetivo, os conservadores promoveram, em julho de 1841, a festa da coroação e sagração do imperador, assim descrita pelo *Jornal do Commercio*:

> S.M. o Imperador fez ontem a entrada solene na capital do Império. A uma hora da tarde uma girândola lançada do Rocio da Cidade Nova anunciou aos Fluminenses que o seu adorado monarca entrava na sua boa cidade do Rio de Janeiro. O imenso concurso do

> povo que apinhava as ruas por onde tinha de passar o luzido préstito teve pouco depois a ventura de contemplar o jovem monarca e de saudá-lo com repetidos e entusiásticos vivas ... . Nada faltou para tornar esse dia brilhante e gravá-lo para sempre na memória dos Fluminenses ... . O monarca partilhava geral satisfação de seus fiéis súditos; as augustas princesas brilhavam em todo o esplendor de sua beleza e candura; o povo mostrava-se feliz.

Além da matriz irradiadora da unidade e da ordem, a construção da capitalidade do Rio de Janeiro tinha ainda um outro pilar: o cosmopolitismo. A cidade era o principal elo com o mundo europeu, garantindo sua própria inserção no chamado processo civilizacional e se tornando a fonte de irradiação dessa civilização no país. Pode-se creditar, em larga medida, ao potencial mercantil do Rio de Janeiro — que só fez crescer após a Independência — o lugar preeminente que essa cidade ocupou na economia imperial.

A expansão da lavoura cafeeira no vale do Paraíba reforçou ainda mais o predomínio econômico do Rio de Janeiro, uma vez que a cidade concentrou o movimento comercial ligado a essa atividade econômica. As estradas-de-ferro, abertas para atender às necessidades da região, garantiram a liderança da capital como canalizadora das exportações de café pelo menos até 1890. Centro redistribuidor de escravos, principal porto importador de produtos manufaturados e ponto de convergência do comércio de cabotagem, essa "hipertrofia comercial" gravaria no Rio a marca indelével do litoralismo e cosmopolitismo, consubstanciada na constante aspiração de conexão com o exterior.

Não é, pois, difícil identificar a unidade, a ordem e a civilização como os principais elementos que balizaram a construção do Rio de Janeiro como cidade-capital do Império do Brasil. Baluarte da unidade e da centralização, deveria enfrentar o desafio de unificar uma vasta região pontuada por ilhas econômicas e culturais, desejosas de emancipação política, suprema ameaça. Competia-lhe ainda dominar e civilizar o seu entorno, marcando a fronteira da "barbárie", encarnada tanto nas ameaçadoras revoltas das províncias quanto nos "rudes" costumes do povo da capital. Sede do governo nacional, era no Rio que ecoavam os debates no Parlamento e na imprensa; eram os jornais cariocas que acompanhavam e interpretavam os fatos da Balaiada, da Farroupilha, da Cabanagem. *Locus* da política nacional, o Rio deveria ficar distante da política local, identificada com a mesquinharia e a pequenez das brigas de comadres. Cosmopolita, responsável por mais da metade de todo o comércio exterior do país e por mais de um quarto de todo o comércio entre as províncias, estar no Rio imperial deveria ser garantia de perfeita sintonia com o mundo civilizado.

A capital republicana

Proclamada a República, seus dirigentes se viram diante do desafio de construir um país republicano. Não se tratava, como alguns acreditaram, de apagar o passado e começar a escrever em uma folha em branco. A tarefa seria bem mais difícil e demorada, já que um projeto de construção de um novo Estado e de uma nova nação significava, antes de tudo, um processo de seleção entre aquilo que deveria ser eliminado e o que poderia ser incorporado do regime derrubado. Essa questão era mais pertinente na medida em que os últimos anos do Império marcaram a discussão de temáticas que acabaram sendo incorporadas pela República.

Os primeiros anos republicanos foram de incerteza, resultado, em boa parte, da disputa entre diversos projetos pela primazia de modelar o novo regime. O grande desafio de então era equacionar as diferentes forças que compunham o mosaico político em torno de um pacto de poder estável. Como reconheciam os próprios contemporâneos, um dos componentes fundamentais dessa estabilidade era a redefinição do papel da capital na nação republicana.

Podemos identificar três momentos distintos na reconfiguração que o Rio de Janeiro sofreu para exercer o papel de Distrito Federal republicano: o do debate sobre a transferência da capital para o interior (1891) e sobre a Lei Orgânica do Distrito Federal (1892); o da implantação do que se pode chamar de "Política da capital", durante o governo Campos Sales (1898-1902); e o da reiteração da cidade como "vitrine" do país, com as reformas urbanas empreendidas pelo prefeito Pereira Passos (1903-6).

A proposta de mudança da capital despertou um intenso debate na Assembléia Constituinte de 1891. A motivação dos parlamentares variou em função de interesses políticos locais. A bancada fluminense, por exemplo, viu a oportunidade de reivindicar a reintegração do antigo Município Neutro ao território do estado do Rio. Já a bancada carioca, por intermédio de seu principal porta-voz, o deputado Tomás Delfino, defendeu, no caso da transferência da capital, a transformação da cidade do Rio de Janeiro em estado federado, o estado da Guanabara.

Certas características atribuídas à cidade do Rio de Janeiro não se encaixariam no perfil da capital republicana idealizada por alguns deputados. A implantação da ordem, considerada um elemento-chave do projeto republicano, parecia bastante comprometida pela "maléfica influência" que emanaria da antiga capital imperial, em função do caráter "agitado" e "revolucionário" de sua população, que teria marcado a cidade como o espaço da improvisação, da ação direta e inesperada e, por isso mesmo, extremamente ameaçadora, principalmente levando-se em conta que esse espaço era o coração do país, e seu principal lugar de identificação.

A essa fama de turbulência aliava-se a imagem de uma cidade estrangeira, antinacional. Naquele início dos anos 1890, a população da capital era de 522.651 habitantes, quase o dobro dos 274.972 que nela habitavam 20 anos antes. Desse total, um quarto era de estrangeiros. Esse "caráter estrangeirado", como se dizia à época, advinha, por um lado, da forte presença do elemento português, vista como uma triste herança dos tempos imperiais. Uma verdadeira capital nacional republicana deveria eliminar, na opinião de alguns, qualquer vestígio da dominação dos antigos colonizadores. "Litoralista" e "cosmopolita", o Rio de Janeiro era também acusado de ser "uma cópia do estrangeiro", desligado portanto da realidade nacional.

Daí a proposta, apresentada pelo prócer republicano e senador fluminense Quintino Bocayuva, de fundação de uma nova capital, a Cidade de Tiradentes, a se localizar no Planalto Central. Um conjunto de argumentos estava na base desse projeto, a começar pelo nome. Tal como Washington, que guardava a marca do fundador da república americana, a Cidade de Tiradentes deveria carregar a inspiração do "mártir da nacionalidade", e assim fornecer o "elo patriótico" capaz de torná-la o espaço-síntese da nação republicana. Contava ainda a localização geográfica central, "no meio da imensidão do território de nossa Pátria", possibilitando a integração da população espalhada pelo vasto território. E, acima de tudo, a nova sede do governo ficaria longe dos sobressaltos provocados pelo "agitado" povo carioca. A Constituição de fevereiro de 1891, em seu artigo 3º, chegou a demarcar uma zona de 14.400 km^2 no Planalto Central para nela estabelecer-se a futura capital federal. Os constituintes tinham em mira o modelo de Washington, uma cidade pequena, longe da agitação e capaz de integrar as diferentes regiões do país.

Passada a Constituinte, a tese da transferência da capital caiu no vazio. O que não caiu no vazio, justamente em função deste fato, foi a percepção da necessidade de ser modificado o estatuto político da capital. Era preciso instituir um novo arcabouço político-jurídico que marcasse a inserção do ex-Município Neutro, agora Distrito Federal, no regime federativo. O ponto-chave era a definição entre dois modelos: o centralista do Império, que conservava a intervenção do poder central; ou o federalista republicano, que apostava na autonomia estadual e municipal. Em outras palavras, deveria o Distrito Federal ter uma vida política autônoma como a dos demais estados da federação, ou, ao contrário, ser mantido como "município neutro", vale dizer, dependente do governo federal central e afastado da política municipal local?

Logo de início, o governo republicano deixou claro que pretendia romper com o estatuto político que havia regido o Município Neutro. Em 7 de dezembro de 1889, menos de um mês depois da proclamação do novo regime, foi publicado o Decreto nº50-A, dissolvendo a antiga Câmara Municipal, criticada pelo estado de "decadência" em que se encontrava. O decreto estabelecia ainda a criação provisória do Conselho da Intendência Municipal, encarregado de administrar o Distrito Federal até a promulgação da nova Constituição. Este órgão seria composto por sete membros, todos nomeados pelo Governo Provisório.

Carente de instituições fortes, e confrontado com a tarefa de elaborar uma nova engenharia política, o governo republicano, a despeito das concepções descentralizadoras de muitos de seus próceres, tendia a concentrar o poder. No intuito de consolidar o novo regime em um quadro de profunda instabilidade, à administração federal parecia imprescindível ter o controle político da sede do governo. Apesar dos intuitos centralizadores, a Constituição de 1891 não transformou o Rio de Janeiro em uma capital neutralizada politicamente como Washington, uma vez que o Distrito Federal conquistou representação parlamentar na Câmara e no Senado em pé de igualdade com os demais estados federados.

Depois de intenso debate parlamentar, em 20 de setembro de 1892 foi aprovada a Lei Orgânica do DF. Ao Executivo federal coube a indicação do prefeito, enquanto o Senado se reservou o papel de referendar a nomeação e os vetos do prefeito, conquistando um lugar estratégico no controle político da capital. O Conselho Municipal, formado por 27 intendentes eleitos — 21 eram representantes distritais e seis representavam todo o DF — tinha a função precípua de responder pela elaboração e votação do orçamento da cidade, e seu presidente substituiria automaticamente o prefeito em caso de necessidade.

Com tutela federal, bancada estadual e administração municipal, a capital republicana transformou-se em uma entidade política e jurídica original no quadro federativo brasileiro. Originalidade que se configurou tanto na constituição de uma identidade política gravada pela ambigüidade quanto na formação de um campo político marcado pela fragmentação. O Distrito Federal, como os demais estados, elegia representantes para o Congresso Nacional (três senadores e dez deputados) e para o Conselho Municipal (27 intendentes). Já o prefeito e o chefe-de-polícia eram indicados pelo presidente da República, enquanto cabia ao Senado, e não ao Legislativo Municipal, a apreciação dos vetos do prefeito.

Essa fragmentação característica do campo político carioca, pontuado por disputas entre várias esferas — presidente da República, prefeito, senadores, deputados, intendentes — não levou à despolitização da cidade. Ao contrário. No Rio de Janeiro, havia excesso de política. Fazia-se política no Catete, no Congresso, na Prefeitura, no Conselho Municipal. Fazia-se política nos sindicatos, nos partidos, nos clubes. E fazia-se política nas ruas.

Quando Campos Sales assumiu a presidência da República substituindo Prudente de Morais — que sofrera uma tentativa de assassinato —, a instabilidade política ameaçava o errático regime republicano. A meta de obter estabilidade e dotar o regime de um mínimo de governabilidade foi alcançada através de uma dupla política. Uma, a já conhecida "política dos governadores", definiu os estados como os *loci* de resolução dos conflitos da política. A outra, menos conhecida, é o que se pode chamar de "política da capital". Em termos resumidos, o esquema era o seguinte: nos estados se fazia política; na capital se administrava.

O sucesso desse projeto dependia, no entanto, de um conjunto de medidas que livrasse a capital das "paixões" da política, não só porque dificultavam a implantação de medidas de caráter administrativo, mas sobretudo porque o Rio de Janeiro era o lugar do poder central. A esse poder, Campos Sales conferia o papel de garantidor da unidade nacional:

> Essa garantia [da unidade nacional] só se encontra na harmônica e espontânea cooperação com que cada uma dessas forças [locais] concorre, na esfera de sua ação autonômica, para o desenvolvimento da vida nacional. É nessa cooperação espontânea, sem antago-

> nismos, que verdadeiramente se estabelece o acordo dos interesses gerais; é nela, portanto, que reside a única garantia sólida da unidade nacional.

Ardente defensor do federalismo de 1891, o paulista Campos Sales se colocou contra uma pretensa reforma constitucional que traria de volta o unitarismo. Não era este o modelo de poder central do presidente, mas outro, ao qual era reservado uma tarefa nobre: a de coordenar "a cooperação espontânea, sem antagonismos, que verdadeiramente estabelece o acordo dos interesses gerais". Longe, portanto, de advogar o enfraquecimento do poder central como condição necessária para a efetiva implementação do federalismo no país, Campos Sales procurou qualificá-lo, colocando-o como fiador e garantidor desse processo. Tal como no Império, à capital republicana caberia a tarefa, indispensável naqueles anos de perigo para a sobrevivência do regime, de garantir a "harmonia dos interesses gerais". Não por acaso, uma das preocupações centrais do projeto Campos Sales foi justamente a redefinição das relações centro-periferia:

> Na monarquia inglesa, como na república americana, é das unidades do poder local que converge a ação para o centro. Foi em Birmingham, não em Londres, que Chamberlain estabeleceu a célebre organização partidária, que se irradiou por toda a Inglaterra ... . Em que

> pese aos centralistas, o verdadeiro público que forma a opinião e imprime direção ao sentimento nacional é o que está nos Estados. É de lá que se governa a República.

Se a força política residia nos estados, ou seja, se aí se concentrava "o público que forma opinião", na capital deveriam ser construídos os "vínculos de harmonia" entre os estados e o governo federal. Nesse sentido, foi revalidada uma função tradicionalmente exercida pela capital imperial: a de centro de socialização das elites estaduais. No Rio, localizavam-se as instituições formais encarregadas da instrução intelectual e social da elite brasileira. Pelo Colégio Pedro II passavam os filhos dos grandes latifundiários provincianos, dos políticos, dos magnatas do comércio, nomes como os de Paulo de Frontin, Washington Luiz, Rodrigues Alves, Antônio Prado, entre outros. No Rio, situavam-se os clubes sociais, como o Club dos Diários e o Jockey Club, pontos de encontro de Ruy Barbosa, Pereira Passos, Pinheiro Machado, barão do Rio Branco, que aí se reuniam para jogar, almoçar e, sobretudo, trocar idéias. A passagem pelos bancos do Pedro II, pelos salões dos Diários e do Jockey Club, pelo Teatro da Ópera, era condição necessária para o ingresso no restrito clube da elite política brasileira.

Livrar o Distrito Federal das "paixões" da política era a palavra de ordem da "política da capital", mas a questão era como fazê-lo. Em termos gerais, o governo Campos Sales atuou no sentido de controlar, com rédea curta, o processo de participação e de representação política na capital federal. Dois eram os principais desafios. De um lado, conter a "multidão ameaçadora que tumultuava as ruas", congelando, ao mesmo tempo, sua incorporação à política formal. De outro, intervir na política local, diluindo e enfraquecendo o processo eleitoral e partidário da capital, "domesticando" suas elites políticas. O "público" da capital federal não podia e nem devia "formar opinião"; isso era atribuição dos estados.

A "assuada da massa popular" do Rio de Janeiro sempre assustou os governantes. A capital imperial foi freqüentemente marcada por manifestações de rua, seguidas de quebra-quebras de estabelecimentos comerciais, especialmente de portugueses, ou ainda por rebeliões populares contra medidas do poder público consideradas injustas, como a Revolta do Vintém (1880). Foi, no entanto, nos primeiros anos da República, que a capital federal tornou-se palco de agitações violentas, provocadas em grande parte pelos "jacobinos", assim chamados por tomarem como fonte de inspiração política os radicais da Revolução Francesa. O jacobinismo veio acrescentar um forte tempero político aos *meetings*, depredações e empastelamentos, tendo por alvo, inicialmente, portugueses e monarquistas, e depois, o presidente Prudente de Morais. Um aspecto constantemente destacado é a presença fortemente desestabilizadora dos militares nos primórdios da República. Concentrados na capital federal, envolviam-se freqüentemente nos tumultos e rebeliões que, como fogo na palha, espalhavam-se pela cidade, principalmente a partir do Largo de São Francisco e da rua do Ouvidor.

Já no Palácio do Catete, Campos Sales resolveu intervir na cidade que, em vez de ser a capital da ordem, era, a seu ver, o lugar da anarquia, das manifestações espontâneas de multidões descontroladas, arredias ao controle do governo. Era preciso, a todo custo, abafar os "ecos da rua do Ouvidor". Para tanto, Sampaio Ferraz, o famoso "Cavanhaque de Aço", perseguidor dos capoeiras desde o primeiro governo republicano, aceitou o convite feito pelo presidente da República e voltou para a chefia da Polícia da capital federal.

Afastadas das ruas, as "multidões agitadas" da capital deveriam ser mantidas mais afastadas ainda das urnas. Campos Sales foi o candidato vitorioso menos votado na história republicana. Mas isso pouco significava para quem a República não se fazia fundamentalmente com votos, tampouco com eleições. Daí a preocupação do presidente em desarticular a elite política carioca, especialmente concentrada no Partido Republicano Federalista (PRF), que conseguira produzir uma certa identidade política baseada na autonomia do Distrito Federal, mediante uma bem-sucedida aliança entre políticos com base urbana e rural. Para livrar o Rio de Janeiro do "jogo pérfido" da política, o governo federal entrou no jogo. Nas eleições de 1899, conseguiu o apoio das principais lideranças do "triângulo" — que abrangia as áreas rurais da cidade (Santa Cruz, Campo Grande e Guaratiba) — para Barata Ribeiro, candidato ao Senado pelo recém-criado Partido Republicano do Distrito Federal, desintegrando o PRF e desequilibrando o quadro político local.

Sucessor de Campos Sales, Rodrigues Alves (1902-6) encontrou o campo livre para construir a "capital dos sonhos" para a República que enfim se consolidava. Por um lado, as "multidões agitadas", embora tivessem vaiado Campos Sales quando de sua saída do Catete e volta de trem para São Paulo, pareciam mais controladas; a política carioca fora "saneada" e, como se dizia, preservada dos "vícios da politicagem". Por outro, a crise que na virada do século havia atingido em cheio a economia brasileira fora contornada, e as finanças públicas se encontravam em condições de financiar a remodelação da capital republicana.

Os poderes extraordinários conferidos a Pereira Passos — o Conselho Municipal foi fechado temporariamente e se instituiu a "ditadura do prefeito" —, bem como a seleção das obras a serem realizadas no Rio de Janeiro são evidências de que estamos diante de um processo de reiteração, pela República, do papel de vitrine e espelho da nação que costuma caber às cidades-capitais. Talvez não fosse exagero dizer que a República iria mudar de capital sem sair dela.

Com esse objetivo, os principais investimentos — financeiros e simbólicos — da chamada Reforma Passos foram estrategicamente orientados em três direções. Uma delas foi a abertura da Avenida Central (futura Avenida Rio Branco), unindo o Rio de Janeiro de "mar a mar", isto é, do porto, na então Prainha, até a recém-construída Avenida Beira-Mar. Foram realizadas também obras de ampliação do porto do Rio de Janeiro, ao mesmo tempo em que se abriam as avenidas Rodrigues Alves e Francisco Bicalho. Era, sem dúvida, uma resposta às necessidades da "face urbana" das atividades agroexportadoras, em função da inserção do Rio na economia mundial como exportador de produtos agrícolas e importador de toda sorte de manufaturas. Finalmente, houve a tentativa de implantação de novas "usanças e costumes" nesse espaço remodelado segundo padrões vigentes nas cidades consideradas civilizadas. Para tanto, o prefeito editou uma série de decretos proibindo a venda de bilhetes de loteria e a ordenha de vacas leiteiras, bem como a prática da medicina pública e de qualquer forma de comércio ambulante na avenida. Estavam sujeitos a punições aqueles que urinassem fora de mictórios, cuspissem nas ruas e soltassem fogos de artifício. Cães soltos deveriam ser apreendidos.

Se o ideal era transformar o Rio de Janeiro na Paris dos trópicos, o real era enfrentar a concorrência com Buenos Aires. Não por acaso, eram constantes as referências comparativas entre as duas cidades-capitais, a argentina e a brasileira. Afinal, em um século que se iniciou sob a égide da expansão capitalista mundial, as qualidades da cidade-capital poderiam ser o diferencial capaz de atrair investimentos estrangeiros, principalmente para financiar a montagem da infra-estrutura urbana, como água, energia, esgoto e meios de transporte.

A vitrine do Centenário

A comemoração do centenário da Independência em 1922 acendeu a questão de fazer do Rio de Janeiro o ponto de convergência dos olhares daqueles que iriam avaliar o progresso nacional ao longo dos últimos cem anos. A realização de uma "exposição universal" destacou-se como a mais ambiciosa das atividades comemorativas então programadas para dar prova do grau de "adiantamento e civilização" que o Brasil, e sua capital, havia atingido nesse século de vida independente.

Como não podia deixar de ser, a preparação da área onde se realizaria a Exposição, bem como a construção dos pavilhões e palácios nacionais e estrangeiros mobilizaram a população carioca e tomaram conta das páginas de jornais e revistas no correr do ano. A demolição do "velho" morro do Castelo, tradicional berço da cidade, para dar lugar aos prédios da Exposição, provocou acirrado debate entre os que consideravam o arrasamento um "imperativo da modernidade", e aqueles que viam o desaparecimento da "colina sagrada" como um verdadeiro "sacrilégio". De todo modo, é importante lembrar que a edificação de um espaço especialmente criado para a Exposição revelava a capacidade do anfitrião realizar empreendimentos excepcionais. De modo semelhante, para a Exposição de Saint Louis (EUA), em 1904, lagos foram aterrados e rios desviados.

Festivamente inaugurada na "data magna" — 7 de setembro de 1922 —, a Exposição compôs-se de uma seção nacional, localizada na Misericórdia, entre o antigo Arsenal de Guerra e o novo mercado, estendendo-se em parte da área conquistada ao mar com o desmonte do morro do Castelo. Nesse local, concentravam-se oito pavilhões: do Comércio, Higiene e Festas; das Pequenas Indústrias; da Viação e Agricultura; da Caça e Pesca; da Administração; de Estatística; além dos palácios das Indústrias e dos Estados. Na Avenida das Nações, que se estendia do antigo Arsenal até o Palácio Monroe (onde funcionava o *bureau* de informações), alinharam-se os palácios de honra das representações estrangeiras. Treze países aí se fizeram representar: da América Latina, Argentina e México;

da Europa, Inglaterra, França, Itália, Portugal, Dinamarca, Suécia, Tchecoslováquia, Bélgica e Noruega; da Ásia, o Japão; e os Estados Unidos. Apenas quatro desses prédios resistiram ao tempo e à especulação imobiliária: o pavilhão da Administração (Museu da Imagem e do Som); o palácio da França (Academia Brasileira de Letras); o palácio das Indústrias (Museu Histórico Nacional); e o pavilhão de Estatística (órgão do Ministério da Saúde).

Ser uma exposição do século XX, como a de 1922, implicava algumas diferenças marcantes em relação às do século anterior. Primeira a se realizar após a grande guerra, seu grande desafio era traduzir a vontade de renovação que então invadira todos os domínios da atividade humana. Pode-se entender, pois, a ocorrência simultânea de congressos e conferências sobre temas variados — história, direito, engenharia, química, educação —, como a indicar que idéias, mais que expostas, deveriam ser discutidas.

O balanço do país feito no raiar dos anos 20 apontava justamente a necessidade de um projeto de (re)construção nacional que garantisse a inserção do Brasil nessa nova realidade do pós-guerra. Esse momento foi, assim, marcado pela tentativa de colocar o país no ritmo da história, de torná-lo contemporâneo de seu tempo. Era preciso, como se costumava dizer, que os visitantes estrangeiros encontrassem a capital federal "com a máscara do século estampada no rosto", já que deveria cumprir a missão de expor o país à comunidade internacional em um momento particularmente decisivo de rearticulação da economia e da política em escala mundial.

No século XX quem dava as cartas era a ciência, expressa na confiabilidade dos dados estatísticos, nas maravilhas da química e nas luzes da eletricidade. Daí o excessivo destaque dado à "feérica" iluminação que transformou o Rio de Janeiro em uma outra "cidade-luz". Se o paradigma parisiense de refinamento tinha um peso relevante, o que pesava mais era o progresso científico que tal conquista evidenciava. E, embora esse moderníssimo serviço de iluminação estivesse a cargo da empresa norte-americana General Electric, eram sempre enfatizados o avanço técnico da engenharia nacional e a capacidade da indústria nacional, as quais se estenderiam muito além do que os mostruários expunham.

Mas não era apenas a imagem de um Brasil "promissor" que se queria construir, e nem somente o "público externo" que se visava a atingir. É impossível desconhecer que a comemoração do centenário da Independência, e em especial a inauguração da Exposição, deu-se em meio a uma grave crise política, que culminou com a revolta de jovens oficiais do Forte de Copacabana contra o governo, considerado o batismo de fogo do movimento tenentista. Imediatamente o estado de sítio foi decretado, jornais de oposição foram fechados, jornalistas presos e deputados ameaçados de processo.

Na medida em que a Exposição no Rio de Janeiro era a representação da "nossa" grandeza, poderia e deveria exercer um importante papel na diluição dos conflitos internos. Nos olhos e nas mentes dos visitantes deveria, pois, ficar gravada a imagem de uma nação coesa e unida não apenas pela integração de suas diversas regiões, mas também pelo "clima de harmonia e paz" que reinava entre seus habitantes. Portanto, o que o Rio de Janeiro oferecia aos seus visitantes era mais que um retrato da nação presente; o que estava em evidência eram os sonhos e as aspirações da nação moderna que se queria ser.

A sede da Era Vargas

Um ponto é comum nas interpretações divergentes sobre a Era Vargas (1930-45): o Rio de Janeiro foi a sede do processo de centralização político-administrativa implementado durante esse período. No entanto, do mesmo modo que no início da República, os revolucionários de 30 se dividiram quanto ao modelo de capital que melhor se afinaria com os "novos tempos" que se anunciavam. Dois projetos podem ser especialmente destacados: o do prefeito Pedro Ernesto e o do presidente Getulio Vargas.

Indicado por Vargas para o cargo de interventor do Distrito Federal (1931), primeiro prefeito carioca eleito pelo Conselho Municipal (1935), Pedro Ernesto, no discurso de posse, expôs claramente seu projeto para a cidade do Rio de Janeiro/Distrito Federal:

> Uma política nova, de amplas diretrizes reconstrutoras, bem merecia ter como cenário o Distrito Federal, cuja população inteligente e culta constitui, no Brasil, a mais segura garantia do eixo dos propósitos renovadores que nos animam.

Não é difícil indicar os pontos de oposição em relação à "política da capital" de Campos Sales. Uma "política nova", ou seja, contrária aos esquemas "carcomidos" da "política dos governadores", merecia ter como "cenário" o Distrito Federal. Longe, portanto, daquela capital administrativa despolitizada, o que emergia das propostas de Pedro Ernesto era uma cidade autônoma e politizada. Em vez de avaliar o povo carioca como "rebelde" e "desordeiro" — este foi um dos principais argumentos usados pelos republicanos para excluí-lo da arena política —, Pedro Ernesto considerava a "população culta e inteligente" do Distrito Federal a garantia da implementação e do sucesso de uma política "renovadora".

A inclusão da população carioca no mundo formal da cidadania política era o principal desafio a ser enfrentado pelo prefeito do DF. Seu discurso de posse, já citado, não visava a atingir apenas os cariocas. Mais uma vez, a cidade-capital deveria cumprir seu papel de modelo para a nova nação que então se construía.

No entanto, ao apostar no processo partidário-eleitoral como base de sustentação para seu projeto político — quem sabe eleger-se como sucessor de Vargas? —, Pedro Ernesto bateu de frente com o progressivo fechamento do regime, mola-mestra do projeto autoritário-corporativista que começava a marchar para a vitória. Sua prisão em abril de 1936 — sob a acusação de comunismo e no caudal da repressão à Aliança Nacional Libertadora —, e o fim da autonomia do Distrito Federal foram, talvez, as primeiras demonstrações da profundidade do projeto autoritário varguista, finalmente consolidado com o golpe de 10 de novembro de 1937 e a implantação do Estado Novo.

Para a capital do Estado Novo, Vargas tinha um projeto claro: torná-la o lugar de onde emanaria a centralização político-administrativa e de onde exerceria seu poder pessoal. Até mesmo a indicação da mudança da capital para o interior desapareceu da Constituição de 1937. Pode-se dizer que o investimento na capitalidade do Rio de Janeiro durante o Estado Novo se materializou por meio de três empreendimentos: a abertura da avenida Presidente Vargas; a construção dos prédios dos Ministérios da Educação e Saúde, do Trabalho e da Fazenda; e as comemorações cívicas realizadas no estádio de futebol do clube Vasco da Gama.

É óbvio que o projeto de urbanismo monumental esteve presente na abertura da avenida Presidente Vargas (1941-44), que se estendeu do Arsenal da Marinha até a atual Praça da Bandeira. A busca de soluções para problemas de tráfego e de saneamento de uma área vital para o bom funcionamento da capital do Estado Novo teve, sem dúvida, um peso importante na decisão do governo de construir a larga avenida, assim como a possibilidade de disponibilizar ao capital imobiliário uma área valorizada no coração da cidade.

No entanto, o processo de substituição dos marcos arquitetônicos que eram referências daquele espaço urbano evidencia uma operação de construção simbólica do poder. A avenida que iria carregar o nome do chefe supremo da nação deveria ostentar novos símbolos que claramente indicassem a presença do Estado. Por isso mesmo, no lugar de igrejas centenárias, como a de São Pedro dos Clérigos, e da Praça Onze, tradicional espaço da cultura popular, que foram destruídas, a avenida Presidente Vargas passou a ser reconhecida por prédios imponentes, como o do antigo Ministério da Guerra e o da Estrada de Ferro Central do Brasil. Lado a lado, o símbolo maior do poder militar brasileiro e a estação de trem que todos os dias recebia multidões que se deslocavam do centro para os subúrbios. A avenida foi inaugurada no dia 7 de setembro de 1944, com um grande desfile militar ao longo de suas largas pistas. Tradição que foi mantida pelos regimes democráticos e autoritários que se sucederam.

A edificação de prédios públicos grandiosos e modernos tornou-se um dos principais componentes da construção do Rio de Janeiro como cidade-capital do Estado Novo. Assim foi com os Ministérios da Educação e Saúde, do Trabalho e da Fazenda. Se a disparidade dos estilos — o modernismo do primeiro prédio destoa dos demais — evidenciava a disputa do espaço arquiteturável estatal da capital federal, não ocultava no entanto a clara intenção de que conteúdos nacionais recheassem as formas ditadas pelos padrões universais da arquitetura moderna. É o caso, por exemplo, dos mosaicos sobre temas indígenas, no Ministério da Fazenda, ou das pinturas sobre ciclos econômicos de Cândido Portinari, no Ministério da Educação.

A reafirmação da capitalidade do Rio de Janeiro implicava, pois, inscrever em seu tecido urbano a presença do Estado e os valores do nacionalismo conectado ao universal. Mas não apenas isso. A capital do Estado Novo deveria ser o espaço por excelência onde o povo manifestaria seu apoio ao governo em cerimônias cívicas diversas, especialmente nas comemorações do 1º de maio e do 7 de setembro, realizadas, a partir de 1939, no estádio do Vasco da Gama. A cabeça do país cumpriria assim sua missão civilizatória, dando o espetáculo da cidadania-social.

Que será do Rio?

A Constituição de 1946, em seu artigo 4º das Disposições Transitórias, trouxe de volta a indicação da transferência da capital para o Planalto Central. No entanto, só no início do governo Juscelino Kubitschek (1956-61), dez anos mais tarde, essa questão começaria, de fato, a tomar corpo. A partir de então, o Rio de Janeiro confrontou-se com o desafio de definir o seu futuro.

"Por força de secular trabalho de unificação, todos os caminhos vão ao Rio. E agora?" Este é um pequeno trecho extraído do artigo intitulado "Sobre a mudança da capital", publicado na *Tribuna da Imprensa* de 1º de novembro de 1956. O ponto principal do argumento contrário à transferência da capital dizia respeito ao papel "civilizatório e unificador" que o Rio de Janeiro, como cidade-capital, havia exercido ao longo da história nacional, e que não deveria ser abandonado de uma hora para outra. Mesmo porque, como se poderia, em tão pouco tempo, formar um novo centro de "unificação nacional"? A oposição se fez acompanhar de incredulidade sobre as reais possibilidades de mudança da capital, ironicamente chamada, por outro artigo da *Tribuna da Imprensa* (29.12.1956), de "a mentira carioca de 1956".

São vários os estudos que consideram as discussões sobre mudança de capital um dos componentes mais complexos dos momentos de transformação histórica.

1. "Cabeça do Império" após a vinda da Corte portuguesa para o Brasil, o Rio de Janeiro foi dotado de instituições e construções que garantissem seu aspecto cosmopolita e civilizado, como o conjunto do Largo do Paço.

2. A abertura da Avenida Central, atual Rio Branco, foi uma das principais transformações urbanas resultantes das Reformas Passos. O ideal de então era fazer do Rio de Janeiro uma Paris dos trópicos, "garantindo" assim o caráter civilizado da capital.

3 e 4. Comemorações como afirmação de capitalidade: dois pavilhões da Exposição Universal do Centenário da Independência (acima), que mobilizou o Rio de Janeiro em seu papel de "vitrine da nação republicana", e o desfile de 7 de setembro de 1943 (abaixo) no Estádio do Vasco da Gama, palco das festas cívicas durante o Estado Novo.

5. Além das festas cívicas, a construção de prédios modernos, como este do Ministério da Educação e Saúde, e a abertura da Avenida Presidente Vargas são os marcos do Rio de Janeiro como sede da Era Vargas. Empreendimentos monumentais para afirmar e propagandear a condição de cidade-capital.

6. O Aterro do Flamengo em construção, vendo-se em primeiro plano o bloco-escola do MAM e ao fundo o Monumento aos Pracinhas. Um dos ícones da condição de *estado-capital* da Guanabara — a "caixa de ressonância" das questões nacionais —, sua inauguração foi o principal evento comemorativo do IV Centenário do Rio de Janeiro.

7 e 8. Até a transferência da capital para Brasília, a Câmara dos Deputados funcionou no Palácio Tiradentes (acima). Juntamente com a Biblioteca Nacional (abaixo) e outras instituições culturais de dimensão nacional, como o Museu Nacional de Belas Artes e o Instituto Histórico e Geográfico Brasileiro (IHGB), ele é um símbolo da capitalidade do Rio de Janeiro.

O estabelecimento da capital do Império Russo em São Petersburgo é um dos exemplos mais significativos. Planejada por arquitetos europeus com um padrão arquitetônico de desenho retilíneo e geométrico, sem precedentes no Império, mas utilizado no Ocidente desde a Renascença, a nova capital deveria ser o símbolo maior do desejo de renovação da Rússia. Em contraposição à "velha" Moscou, berço das antigas tradições e guardiã da fé religiosa, São Petersburgo deveria ser o lar da "nova" cultura russa, secular e oficial. Desse modo, a nova capital teria representado, no movimento pendular da sociedade russa, o momento em que a balança se inclinou favoravelmente à ocidentalização como a via capaz de transportar os russos em direção ao futuro.

No caso brasileiro, a transferência da capital para Brasília foi analisada a partir de diferentes abordagens. Uma delas, filiada à antropologia da sociedade moderna, voltou-se para o estudo de Brasília como exemplo de um processo moderno de construção nacional. Mais que símbolo de uma nova época, a construção da nova capital traria embutida a idéia de criar essa nova época, inserindo-se, pois, em um projeto modernizador da sociedade brasileira que tinha na arquitetura a sua face mais visível de modernidade. Monumental, teria sido projetada para se tornar modelo de progresso para o restante da nação, impelindo-a em direção ao futuro.

A transferência da capital para o Planalto Central foi também entendida a partir da influência do discurso geopolítico voltado para a reordenação espacial do território brasileiro, com ênfase na estratégia denominada "marcha para o Oeste", região onde estaria inscrito nosso destino como potência hegemônica. Daí o destaque especialmente conferido à presença de militares nas diversas missões que, sobretudo a partir do final dos anos 40, encarregaram-se de delimitar o local da nova capital.

Um enfoque de corte mais econômico privilegiou, como elemento fundamental para a decisão de mudar a capital para o interior, a ampliação das fronteiras econômicas com o intuito de alavancar a expansão capitalista nacional, São Paulo à frente. Não por acaso, a figura do bandeirante, transformado em "pioneiro" ao gosto de Vianna Moog, tornou-se o modelo do nosso *self made man*, arrojado e progressista.

Apesar de ênfases diferentes, as interpretações sobre a transferência da capital convergem na avaliação que fazem do Rio de Janeiro. Cosmopolita, de costas para o país "real", com uma burocracia emperrada, o "velho" Distrito Federal foi desqualificado como o *locus* irradiador dos processos de integração do mercado nacional e de desenvolvimento do novo capitalismo brasileiro. Além do mais, a cidade se situaria na contramão do que se poderia considerar uma capital "segura". De acordo com essa interpretação, a disposição de interiorizar a capital teria derivado do fato de o Rio ter sido o principal cenário da ampla mobilização popular durante o último governo Vargas, bem como da conspiração golpista que se seguira, e que quase impedira a posse de Kubitschek. Portanto, tal como Campos Sales no início da República, o presidente JK se sentiria vulnerável diante da "agitada" e "ameaçadora" capital.

A idéia da construção de Brasília apoiou-se, assim, na alegada incapacidade de o Rio de Janeiro continuar a exercer a função de "cabeça" de um país que precisava se modernizar e se integrar ao mundo desenvolvido com segurança e tranqüilidade. Tal como no início da República, a cidade se defrontava com um processo de deslegitimação do papel que exercia havia mais de um século. No entanto, apesar de os argumentos se assemelharem, parece que dessa vez a solução seria outra: no lugar da remodelação empreendida por Pereira Passos, meio século depois a questão assumia tons bem mais radicais. Talvez Brasília não fosse apenas uma "mentira carioca".

O debate sobre o futuro da cidade do Rio de Janeiro só iria ganhar espaço na imprensa carioca a partir de meados de 1958, quando o *Correio da Manhã* publicou um conjunto de 32 reportagens intitulado "Que será do Rio?", reunindo opiniões de expressivas figuras do Distrito Federal e do estado do Rio — políticos cariocas e fluminenses, empresários, técnicos em planejamento urbano, geógrafos, sociólogos, historiadores —

acerca do destino do então Distrito Federal após a mudança da capital para Brasília. O *Jornal do Brasil* e a *Tribuna da Imprensa*, nesse mesmo período, igualmente dedicaram várias matérias ao tema, numa clara indicação de que esse era um assunto que então mobilizava o povo e a imprensa cariocas.

Além da indicação constitucional de que após a transferência da capital o Rio de Janeiro deveria se transformar no estado da Guanabara, não havia nenhuma outra definição quanto ao futuro ordenamento desse espaço especialmente valorizado em termos políticos. Desse modo, se os primeiros anos da República se defrontaram com a questão da montagem do arcabouço político-administrativo do Distrito Federal, agora, no final da década de 50, tratava-se de enfrentar um desafio igualmente difícil. Como reinserir a tradicional "vitrine da nação" na federação? Que novo lugar deveria ela aí ocupar?

Três foram as propostas então apresentadas para o futuro do Rio de Janeiro: virar território da Guanabara; transformar-se em estado da Guanabara; ou ser incorporado ao estado do Rio como município. Sabemos que os componentes da conjuntura política são essenciais para a análise dessas propostas. No entanto, insistimos, o elemento fundamental desse debate foi o passado de cidade-capital do Rio de Janeiro.

Em agosto de 1958, o ministro da Justiça, Cirilo Junior, apresentou o projeto de transformar o Rio de

Janeiro em território da Guanabara por um período de dez anos. Comprometida com o desígnio de preservar a cidade como uma área especial no quadro da federação brasileira, essa proposta visava, sem dúvida, a congelar a disputa política na ex-capital federal como forma de neutralizar a cidade no complexo jogo eleitoral com vistas à campanha presidencial de 1960. Por isso mesmo, a argumentação contrária à "solução território" baseou-se na perda da autonomia política da nova entidade federada. No entanto, a oposição subia o tom contra a pretensão "absurda" de transformar a centenária cidade-capital em um simples território como o Acre.

No caso da transformação do Distrito Federal em estado da Guanabara — prevista constitucionalmente —, o ponto central do debate foi a viabilidade de o ex-Distrito Federal tornar-se mais um estado na federação, com organização jurídico-política semelhante aos demais, ou, ao contrário, ser um estado especial, uma cidade-estado. Se a pequena extensão territorial da Guanabara — um "estado pigmeu", na expressão de alguns — parecia ser um obstáculo à sua transformação em uma unidade federativa tradicional (divisão em municípios, câmaras de vereadores, prefeitos), era, no entanto, o status especial de capital que desfrutara por tanto tempo o elemento complicador para sua inserção no quadro federativo brasileiro. Era sempre lembrado que a cidade do Rio de Janeiro havia tomado uma "feição particular" que a distinguia das demais unidades federativas, aí incluído o Estado do Rio.

Tendo em vista seu passado de base formadora da unidade nacional, a formação política carioca havia sido diferente daquela adotada nas demais regiões do país em pelo menos um aspecto fundamental: na ausência de "provincianismo" e de "caciquismo". É fácil perceber que o debate sobre o futuro do Rio de Janeiro acionou na memória política as imagens da ex-Corte imperial, à qual, como agente da centralização, coubera anular a visão localista e provinciana. Considerava-se, portanto, a nacionalização da política carioca e, por conseqüência, a incapacidade de a Guanabara atuar regionalmente os maiores obstáculos à sua transformação em um estado como outro qualquer.

Os defensores da transformação do Distrito Federal em município a ser incorporado ao estado do Rio também teriam que enfrentar a marca da capitalidade carregada pela cidade do Rio. Deveria ser ela a capital do novo estado do Rio de Janeiro, deslocando Niterói, ou apenas mais um município fluminense? A defesa do esvaziamento político da cidade do Rio de Janeiro refletia, sem dúvida, o temor e a preocupação de que a ex-capital federal pudesse "esmagar a Velha Província". O medo da "suburbanização" do estado do Rio revelava-se, por exemplo, na temerosa observação de Edgar Teixeira Leite, influente cafeicultor do Vale do Paraíba, de que, com a incorporação, "Campos passaria a valer tanto quanto Braz de Pina", e os fluminenses poderiam ter como governador "políticos do Distrito Federal que talvez nunca tivessem ido a Niterói".

Se interesses políticos — partidários e regionais — certamente estiveram presentes nesse aceso debate, no entanto é interessante notar que não se formaram blocos coesos em favor das propostas em disputa: havia políticos do governo e da oposição a favor e contra a Guanabara; cariocas e fluminenses a favor e contra a fusão. Acima das posições político-partidárias ou da origem regional dos debatedores, o que prevaleceu na discussão foi a percepção diferente que tinham do novo lugar a ser ocupado pela ex-capital.

Por isso mesmo, os debates sobre a reorganização político-administrativa do ex-Distrito Federal, que praticamente monopolizaram a pauta do Congresso Nacional nos primeiros meses de 1960, revelam que determinadas concepções cristalizadas ao longo do tempo desempenharam papel decisivo na manutenção da disposição constitucional: depois da transferência da capital, o Rio de Janeiro se transformaria no estado da Guanabara.

A excepcionalidade desse estado no quadro federativo foi imediatamente reconhecida por boa parte dos parlamentares. O deputado Sérgio Magalhães, do PTB carioca, ao justificar o pedido de atenção especial para a criação da Guanabara, destacou que o novo estado continuaria a exercer na federação o papel que desempenhara por mais de um século. Na mesma direção, e com argumentos mais contundentes, o deputado paranaense Bento Munhoz da Rocha chegara a apresentar à Câmara dos Deputados, em agosto de 1959, o projeto de criação da "Cidade Nacional do Rio de Janeiro", com a seguinte justificativa:

> A identificação do Rio com o Brasil penetrou tão profundamente o espírito de sua metrópole que as grandezas do Rio são as grandezas do Brasil; as fragilidades do Rio são as fragilidades do Brasil; o calor do Rio, o calor do Brasil; a paisagem do Rio, a paisagem do Brasil...

A identificação do Rio de Janeiro como símbolo do Brasil constituía não apenas um importante componente da identidade da cidade, mas também do país como um todo. Nunca é demais lembrar que a construção do Rio de Janeiro como cidade-capital havia se dado, entre outros, pelo fato de aí estarem sediadas instituições culturais de dimensão nacional, como o Arquivo Nacional, a Biblioteca Nacional, o Museu Nacional de Belas-Artes, o Instituto Histórico e Geográfico Brasileiro, a Academia Brasileira de Letras. Por isso mesmo, embora deixando de ser a capital federal de direito, o Rio de Janeiro deveria manter a aura da capitalidade, continuando a exercer, de fato, a função de cidade-capital, qual seja, a de encarnar a síntese da nação. O risco de seu "enclausuramento" no âmbito "provincial" deveria ser evitado, já que significaria a perda da principal referência de identificação do país. Como bem percebeu o deputado do Paraná, não era apenas a nova identidade para o Rio de Janeiro que estava em pauta. No fundo, o que estava sendo discutido era uma nova identidade para o país. Como seria o Brasil sem a sua tradicional "vitrine", sem o seu "centro irradiador de civilização"?

Por isso mesmo, a questão da capitalidade não poderia estar ausente das preocupações do autor da lei de criação do estado da Guanabara, deputado San Tiago Dantas, que, na condição de vice-presidente da Comissão de Constituição e Justiça da Câmara, foi encarregado de elaborar dois projetos, o de criação do estado da Guanabara e o de organização de Brasília, o novo Distrito Federal. Na exposição de motivos em que apresentou a justificativa de ambas as propostas, San Tiago deixou claro que o móvel central dos debates parlamentares não deveria ser a antiga, mas sim a nova capital. Esse era o momento-chave de reconstrução do país, e a oportunidade de se organizar "adequadamente" a nova capital não poderia ser perdida. Seu modelo ideal de cidade-capital era o oposto do Rio de Janeiro: tal como Campos Sales, desejava uma capital "despolitizada", sem "problemas locais", nem "ideais próprios", totalmente dedicada a funções administrativas.

De *cidade-capital* a *estado-capital*

O ano de 1965 teve um significado todo especial para a Guanabara, já que a cidade do Rio de Janeiro estava comemorando seu quarto centenário de fundação. Tal como São Paulo, que em 1954 havia buscado em seu passado quatrocentão as razões da posição hegemônica que ocupava na federação, agora era a vez de o Rio de Janeiro provar o seu valor.

A celebração do IV Centenário foi alvo de uma atenta vigilância comemorativa por parte do governo da Guanabara. Candidato a presidente da República nas eleições previstas para se realizarem em outubro de 1965, o governador Carlos Lacerda (1960-65) investiu na manutenção da Guanabara, a chamada Belacap, como "caixa de ressonância" das questões nacionais. A comemoração do passado quatrocentão deveria se tornar, assim, um poderoso argumento capaz de garantir ao mais novo membro da federação a peculiar condição de *estado-capital*.

Como é próprio dos momentos de comemoração, aqui também buscou-se articular o passado, o presente e o futuro. No caso específico do IV Centenário do Rio de Janeiro, essa articulação envolvia, de um lado, o passado da cidade como principal centro da nação e, de outro, seu presente de cidade-estado, cujo governador pretendia transformar em modelo para a construção do futuro país. A proposta de fazer da Guanabara um *estado-capital* tinha como objetivo, pois, conciliar as duas identidades, a de Belacap quatrocentona e a de mais novo estado da federação. Não por acaso, nos numerosos artigos publicados em jornais e revistas, bem como nos livros "comemorativos do IV Centenário" lançados ao longo de 1965, buscou-se construir um passado do Rio de Janeiro capaz de garantir ao agora estado da Guanabara o lugar de "eterna" cabeça do país.

A menção à "gloriosa" fundação do Rio de Janeiro esteve presente em quase todos os sambas de escola do carnaval de 1965, reafirmando os principais elementos constitutivos da memória sobre a origem da cidade, aprendida desde cedo nos bancos escolares. Na luta contra os franceses protestantes, Estácio de Sá teria contado com a ajuda do índio Araribóia e com a proteção de São Sebastião, que viera combater do lado dos portugueses. Vítima de uma flecha envenenada, o fundador, tal como o santo protetor que também morrera flechado, pagara com a própria vida a defesa de seu sonho, a cidade do Rio de Janeiro.

Esses mesmos componentes foram ressaltados em artigos de historiadores. Fundamentada e demonstrada por "documentação de valor incontestável", a narrativa de Pedro Calmon sobre a fundação da cidade do Rio de Janeiro foi tecida de modo a marcar o lugar que, desde então, a ela já estaria destinado: o de centro formador da nacionalidade. Foram especialmente destacados o sacrifício em defesa da segurança do chamado território pátrio, a presença da fé católica e a união entre os colonizadores e a gente da terra. A própria intenção da fundação do Rio de Janeiro evidenciaria sua predestinação em vir a se tornar a cabeça do Brasil. Ao contrário de outras vilas, que cresceram com o tempo, o Rio teria nascido "adulto", já "com foros de cidade". A construção da memória do passado da Guanabara procurava, assim, tecer a rede de inter-relações entre a sua própria história e a história nacional.

Essa identidade entre o Brasil e sua ex-capital não ficaria, no entanto, apenas no âmbito da história. Do crítico literário Afrânio Coutinho, veio a clara indicação do papel do Rio de Janeiro como capital cultural do país:

> De toda a parte, advêm sempre novos elementos que imediatamente a capital literária absorve, transforma, transfigura, imprimindo-lhe feição nacional e devolve para o centro da nação. É a imagem da bomba de sucção que se transforma em bomba de propulsão ... . Como Paris, o Rio de Janeiro é o centro cultural e a capital literária do país, condição a que chegou, como sabemos, pela evolução natural e sem imposição.

Conhecida nacional e internacionalmente por seus encantos naturais, a Belacap precisava provar que era mais que uma "cidade maravilhosa". Não é de surpreender, portanto, que os dois lugares elevados à condição de principais marcos do IV Centenário da cidade houvessem sido o morro do Castelo e o Aterro do Flamengo. Essa escolha não foi aleatória, uma vez que atendia perfeitamente dois requisitos essenciais: confrontava o "coração do Rio antigo" com a "face da Guanabara moderna", e glorificava a vitória da intervenção humana sobre a natureza.

Símbolo da nova Guanabara, a construção do Aterro, como passou a ser chamado o conjunto de jardins e pistas do aterrado Calabouço-Glória-Flamengo e Praia de Botafogo, teve um triplo significado. Em primeiro lugar, deveria ser o "nosso Central Park" — como a ele se referia sua idealizadora, Lota de Macedo Soares — capaz até de competir com o Pão de Açúcar como principal marca referencial da cidade. Só que nessa comparação com o Pão de Açúcar, o Aterro levava a vantagem de reunir as belezas naturais de um jardim plantado à beira-mar à demonstração de capacidade técnica exigida por uma obra daquele porte. Finalmente, deveria ser reconhecido como a realização maior do primeiro governo da Guanabara. Não por acaso, sua inauguração foi tratada como o principal evento comemorativo do IV Centenário, com o claro intuito de colocar o governador carioca e candidato a presidente, Carlos Lacerda, no altar dos "grandes homens que construíram o Rio quatrocentão".

A seleção dos personagens que deveriam compor o panteão dos "heróis do Rio" indica efetivamente a valorização então conferida aos governantes que, por meio de grandes obras urbanísticas, haviam deixado marcas indeléveis no tecido da cidade. Quatro prefeitos foram especialmente destacados: Pereira Passos (1903-6), Paulo de Frontin (1919), Carlos Sampaio (1920-22) e Henrique Dodsworth (1937-45). A conquista desse lugar de honra na memória do Rio quatrocentão se deveu, em primeiro lugar, ao fato de terem reafirmado a capacidade do carioca de domar a natureza, construindo uma cidade que não se contentava em deitar em berço esplêndido; depois, porque o investimento que efetuaram em obras de remodelação e embelezamento tivera o claro intuito de firmar a capital no papel de "cartão-postal do país".

Em plena campanha para a sucessão local e nacional, o governador Carlos Lacerda buscou se inserir na linhagem do quarteto Passos-Frontin-Sampaio-Dodsworth. Para tanto, contava com os túneis e viadutos, avenidas e parques que havia construído durante seu governo e que reformularam o desenho urbano carioca. Tal como no passado, essa constante renovação urbanística era considerada um elemento indispensável para que a Guanabara, na condição especial de *estado-capital,* continuasse a ser "a face do Brasil".

Uma capital dividida na memória e na história

No dia 21 de abril de 1997, por ocasião da comemoração dos 37 anos de Brasília, o deputado federal pelo PT de Minas Gerais, Paulo Delgado, publicou no *Jornal do Brasil* um artigo intitulado "Brasília, capital do Brasil". Segundo ele, dois fatores teriam contribuído para que Brasília não tivesse ainda se consolidado como cidade-capital do Brasil. Primeiro, porque havia sido marcada pela cidadania política silenciada dos anos de chumbo da ditadura militar. Depois, até de maneira aparentemente contraditória, porque a autonomia política que lhe fora concedida pela Constituição de 1988 — conquistou o direito de eleger governador e Câmara Distrital — ter-lhe-ia tirado o principal atributo que poderia caracterizá-la como uma "verdadeira" capital federal: representar todos os brasileiros. De modo até surpreendente, Delgado acabou por concluir: "a velha Guanabara tinha mais noção do seu papel".

Voltamos, assim, ao ponto central de nosso trabalho: o que faz de uma capital uma cidade-capital? E mais: de que maneira a memória da capitalidade define a identidade política carioca? O fato de ter sido capital gerou efeitos positivos ou negativos sobre o Rio de Janeiro? Que tipo de "vitrine" o Rio de Janeiro foi para o Brasil?

Uma linha de análise, privilegiada principalmente por políticos, jornalistas e empresários, enfatiza que a mudança da capital federal para Brasília em abril de 1960 resultou em um esvaziamento político, cultural e econômico do Rio de Janeiro. Aos "anos dourados", representados pelo período em que fora o cérebro e o coração do país, seguiram-se os "anos de chumbo", marcados por drásticas mudanças em seu estatuto político e administrativo: primeiro, estado da Guanabara; depois, município do Rio de Janeiro, capital do estado do Rio de Janeiro. Ao glorioso passado de centro político e cultural do país sucedeu o presente de crise e decadência, resultado do abandono a que fora relegada pelos governos estadual e federal.

No lado oposto, uma outra corrente interpretativa, produzida sobretudo no meio acadêmico, considera que o pecado original do Rio de Janeiro foi ter sido capital por tanto tempo. A excessiva dependência do governo central impediu que a cidade se preparasse devidamente para resolver os seus problemas de forma autônoma, melhor maneira de produzir cidadãos e governos responsáveis. Dessa forma, a capitalidade do passado deixou no Rio de Janeiro a marca da irresponsabilidade, da dependência e da desordem, cujos efeitos se fazem sentir até hoje.

Essas interpretações antagônicas sobre o significado da capitalidade do Rio de Janeiro não se restringem, no entanto, a explicar a cidade, uma vez que, considerada "vitrine da nação", serviu de exemplo para o próprio país, tornando-se um modelo daquilo que o Brasil foi, ou deveria ter sido.

É forte na memória política nacional a imagem do Rio de Janeiro como cidade despolitizada, dependente do governo federal, com uma elite política fraca e fragmentada e um povo rebelde e desligado das esferas formais da representação política. A permanência desse padrão político não só teria justificado, em nome do desenvolvimento do país, a transferência da capital para o Planalto Central, como permitiria compreender as dificuldades do Rio de Janeiro em abandonar seu lugar de "eterna" capital do país.

Essa imagem de um Rio de Janeiro despolitizado e dependente está presente na historiografia sobre a cidade. Próxima do Estado, mas ao mesmo tempo distante de qualquer tipo de representação efetiva nas suas decisões, a população carioca teria construído uma identidade política com base não na cidadania, mas na *estadania*. Ao "tribofe", ou seja, à trapaça, à esperteza, na política e nos altos negócios, o povo da capital teria respondido com um comportamento "bilontra", quer dizer, gozador, irreverente e debochado. Desse modo, se por um lado o Rio-capital sofria os efeitos de ser a sede do governo, por outro o Rio-vitrine seria responsável pelo fracasso da implantação no país de uma república comprometida com os valores da liberal-democracia representativa. Nesse caso, o modo peculiar de a capital federal fazer política teria "enferrujado o sonho republicano".

Ao elevar as lideranças políticas à condição de atores centrais, e não mais de simples figurantes, uma outra corrente historiográfica procura demonstrar que a política carioca possuía uma dinâmica específica que ia além do "tribofe". Longe de aceitar a neutralização de seu espaço político pelo governo federal e de simplesmente adotar estratégias de controle negativo do eleitorado, setores políticos cariocas investiram em formas institucionalizadas de representação e participação. Dentro dessa perspectiva, a imagem de povo "bilontra" é igualmente relativizada: como explicar, por exemplo, as significativas votações que candidaturas alternativas ao pacto oligárquico, como as de Ruy Barbosa (1910 e 1919) e de Nilo Peçanha (1922), obtiveram no Distrito Federal? Não foi por acaso que aquele fez da defesa da autonomia do Distrito Federal um dos principais pontos de sua "campanha civilista" e, como resultado, aí conquistou mais votos do que nas demais regiões do país.

A verdade é que a divisão que marca o Rio de Janeiro na memória e na história estende-se até o presente, já que, ao mesmo tempo em que a cidade desperta sentimentos de medo e inquietação pelos altos graus de violência que afeta o cotidiano de seus moradores, ainda conserva a posição de principal centro de recepção de turistas do país, que a identificam como cartão-postal do Brasil. À guisa de conclusão, vale a pena notar que na disputa para sediar os Jogos Pan-Americanos em 2007 a "cidade maravilhosa, coração do Brasil" acabou derrotando a "São Paulo que não pode parar".

Cronologia

1808

abr Chegada da família real portuguesa à cidade do Rio de Janeiro, então capital do vice-reino.

1816 Chegada da Missão Artística Francesa ao Rio de Janeiro.

1828

1º out Aprovação da lei que regeu a organização política municipal, incluindo a capital imperial.

1834

12 ago Aprovação do Ato Adicional que criou o Município Neutro.

1889

7 dez Publicação do Decreto nº50-A, criando o Conselho da Intendência Municipal, encarregado de administrar o Distrito Federal.

1891

24 fev Promulgação da Constituição republicana, que, em seu artigo 3º, demarcava uma região no Planalto Central para nela se estabelecer a futura capital federal.

1892

20 set Aprovação da Lei Orgânica do Distrito Federal.

1903-6 Execução de reformas urbanas no Rio de Janeiro, conhecidas como Reformas Pereira Passos.

1934 Aprovação da autonomia política do Distrito Federal, que conquistou o direito de eleger, ainda que indiretamente, seu prefeito. Em outubro, Pedro Ernesto tornou-se o primeiro prefeito carioca eleito.

1937 Outorga da Constituição do Estado Novo. Foi retirada a indicação de mudança da capital do Rio de Janeiro.

1946 Promulgação da Constituição, que, no artigo 4º das Disposições Transitórias, determinava a transferência da capital para o Planalto Central.

1957

1º out Aprovação pelo Congresso da Lei nº 3.273, marcando para 21 de abril de 1960 a data da transferência da capital para Brasília.

1960

12 abr Aprovação pelo Congresso da Lei nº 3.752, conhecida como Lei San Tiago Dantas, criando o estado da Guanabara.

1960

out Eleição do primeiro governador do estado da Guanabara, Carlos Lacerda.

1961

mar Promulgação da Constituição do estado da Guanabara.

1974

jul Aprovação da Lei Complementar nº 20, instituindo a fusão entre a Guanabara e o estado do Rio. A cidade do Rio de Janeiro passou a ser município-capital do novo estado do Rio de Janeiro.

Referências e fontes

A epígrafe da abertura do livro está no depoimento de Francisco de Mello Franco, secretário de Planejamento do estado da Guanabara (1971-75), concedido ao Programa de História Oral do CPDOC-FGV em 1993.

p.10: A citação de Jean-Baptiste Debret está em Afonso Carlos Marques dos Santos, "A invenção do Brasil: Um problema nacional"?, *Revista de História*, vol.118, nº 5 (São Paulo, 1985).

p.12: A citação do visconde de Uruguai está em Ilmar Rohloff de Mattos, *O tempo Saquarema* (São Paulo, Hucitec Brasília, INL, 1987, p.202).

p.15: A citação do *Jornal do Commercio* está em Ilmar Rohloff de Mattos, *O tempo Saquarema* (São Paulo, Hucitec Brasília, INL, 1987, p.191).

p.20: Os dados demográficos dos anos 1890 foram extraídos de Jaime L. Benchimol, *Pereira Passos: Um Haussmann tropical* (Rio de Janeiro, Secretaria Municipal de Cultura, 1992, p.171).

p.24: As citações encontram-se em Campos Sales, *Da propaganda à presidência* (Brasília, Editora da UNB, 1983, p.127 e 129).

p.36: A citação de Pedro Ernesto encontra-se em Carlos Eduardo Sarmento, *O Rio de Janeiro na era*

Pedro Ernesto (Rio de Janeiro, Editora FGV, 2001, p.209).

p.43: Para uma análise pormenorizada das 32 reportagens publicadas no *Correio da Manhã* entre julho e agosto de 1958, ver Marly Silva da Motta, *Rio de Janeiro: De cidade-capital a estado da Guanabara* (Rio de Janeiro, Editora FGV, 2001, cap.2).

p.46: As opiniões de Edgar Teixeira Leite estão citadas na matéria "Que será do Rio"?, *Correio da Manhã*, 31.7.1958.

p.48: Os debates parlamentares sobre o futuro do Rio de Janeiro são discutidos minuciosamente em *Rio de Janeiro: De cidade-capital a estado da Guanabara*, cap.2. A citação do deputado Munhoz da Rocha está nos *Anais da Câmara dos Deputados*, sessão de 12.2.1960, p.605.

p.51: Dos trabalhos publicados por ocasião do IV Centenário do Rio de Janeiro, destacamos o livro oficial do evento, *Rio de Janeiro em seus quatrocentos anos: formação e desenvolvimento da cidade* (Rio de Janeiro, Editora Record, 1965); e *Quatro séculos de cultura: o Rio de Janeiro estudado por 23 professores* (Rio de Janeiro, Universidade do Brasil, 1966). Podem ser ainda citados os suplementos especiais lançados ao longo de 1965 pelo *Jornal do Brasil* — Rio de Janeiro, 400 anos memoráveis — e pelo *O Jornal*, Suplemento comemorativo do IV Centenário do Rio de Janeiro.

Na mesma página, entre outros sambas do carnaval de 1965 que tratavam da "gloriosa" fundação do Rio de Janeiro podemos mencionar "Progresso e tradição do Rio: Do morro Cara de Cão ao Pão de Açúcar", da Portela; "Rio através dos séculos", da Mangueira"; e "Apoteose do Rio", do Império da Tijuca.

p.51-2: O artigo de Pedro Calmon citado é "Segredos e revelações da história do Brasil", publicado na revista *O Cruzeiro*, 13.3.1965. A citação de Afrânio Coutinho está em "O Rio de Janeiro e a unidade da literatura", in *Quatro séculos de cultura: o Rio de Janeiro estudado por 23 professores* (Rio de Janeiro, Universidade do Brasil, 1966, p.276-7).

p.57: O debate historiográfico sobre o caráter da política na cidade do Rio de Janeiro apóia-se, de um lado, em José Murilo de Carvalho, *Os bestializados: o Rio de Janeiro e a República que não foi* (São Paulo, Companhia das Letras, 1987) e Marcos Veneu, "Enferrujando o sonho: partidos e eleições no Rio de Janeiro, 1889-1895", *Dados — Revista de Ciências Sociais*, vol.30, nº 1 (Rio de Janeiro, 1987); e, de outro, em Américo Freire, *Uma capital para a República: poder federal e forças políticas locais no Rio de Janeiro na virada para o século XX* (Rio de Janeiro, Revan, 2000).

Sugestões de leitura

As idéias aqui desenvolvidas foram apresentadas em meu livro *Rio de Janeiro: De cidade-capital a estado da Guanabara* (Rio de Janeiro, Editora FGV, 2001). Seguem abaixo outras sugestões de leitura.

Sobre o conceito de cidade-capital, ver Giulio Argan, *L'Europe des capitales* (Genebra, Albert Skira, 1964), e Lewis Mumford, *A cidade na história: Suas origens, transformações e perspectivas* (São Paulo, Martins Fontes, 1982). No Brasil, o conceito foi divulgado pela historiadora Margarida de Souza Neves em seu trabalho *Brasil, acertai vossos ponteiros* (Rio de Janeiro, Museu de Astronomia, 1991).

Sobre o papel das cidades-capitais na formação dos Estados nacionais na Europa, é recomendada a leitura de alguns volumes da coleção Memória das Cidades, como *Lisboa ultramarina, 1415-1580: A invenção do mundo pelos navegadores portugueses*, organizado por Michel Chandeigne (Rio de Janeiro, Jorge Zahar, 1992) e *Berlim, 1919-1933: A encarnação extrema da modernidade*, organizado por Lionel Richard (Rio de Janeiro, Jorge Zahar, 1993). Ver ainda Carl E. Schorske, *Viena fin-de-siècle: Política e cultura* (São Paulo, Companhia das Letras, 1988).

Uma excelente análise do Rio de Janeiro como *locus* do processo de construção do Estado e da nação no Império do Brasil é feita por Ilmar Rohloff de Mattos em *O tempo Saquarema* (São Paulo, Hucitec Brasília, INL, 1987).

Para uma reflexão sobre o papel da elite letrada das cidades-capitais na constituição da identidade nacional, ver os trabalhos de Angel Rama, *A cidade das letras* (São Paulo, Brasiliense, 1985); e Manoel Luiz Salgado Guimarães, "Nação e civilização nos trópicos: o Instituto Histórico e Geográfico Brasileiro e o projeto de uma história nacional", *Estudos Históricos*, vol.1, nº 1 (Rio de Janeiro, 1988). Ver também Peter Burke, *Veneza e Amsterdã: Um estudo das elites do século XVII* (São Paulo, Brasiliense, 1990).

Para uma análise da "política da capital" nos primeiros tempos republicanos, ver Américo Freire, *Uma capital para a República: Poder federal e forças políticas locais no Rio de Janeiro na virada para o século XX* (Rio de Janeiro, Revan, 2000), e Renato Lessa, *A invenção republicana: Campos Sales e a decadência da Primeira República brasileira* (São Paulo/Rio de Janeiro, Vértice/Iuperj, 1988).

Sobre a importância das reformas urbanas empreendidas pelo prefeito Pereira Passos para a reafirmação da capitalidade do Rio de Janeiro, é fundamental a leitura de Jaime L. Benchimol, *Pereira Passos: Um Haussmann tropical* (Rio de Janeiro, Secretaria Municipal de Cultura, 1992).

Sobre a demolição do morro do Castelo e a Exposição Internacional do Centenário de 1922, ver Marly Silva da Motta, *A nação faz cem anos: A questão nacional no centenário da Independência* (Rio de Janeiro, Editora FGV, 1992).

Sobre a abertura da avenida Presidente Vargas e a construção dos Ministérios da Fazenda, Trabalho e Educação e Saúde, é importante a leitura dos trabalhos de Evelyn F.W. Lima, *Avenida Presidente Vargas: uma drástica cirurgia* (Rio de Janeiro, Secretaria Municipal de Cultura, 1990); e de Maurício Lissovsky e Paulo Sergio Moraes de Sá, "O novo em construção: o edifício-sede do Ministério da Educação e Saúde e a disputa do espaço arquiteturável nos anos 30", *Revista do Rio de Janeiro*, vol.1, nº 3 (Niterói, 1986).

Sobre o processo de constituição de uma nova capital (São Petersburgo, século XVIII), vale indicar Marshal Berman, *Tudo que é sólido desmancha no ar: A aventura da modernidade* (São Paulo, Companhia das Letras, 1986). Acerca da discussão sobre a transferência da capital para Brasília, são valiosos os textos de James Holston, *A cidade modernista: uma crítica de Brasília e sua utopia* (São Paulo, Companhia das Letras, 1993); José William Vesentini, *A capital da geopolítica* (São Paulo, Editora Ática, 1986); e Luiz Carlos Lopes, *Projeto Brasília: Modernidade e história* (tese de doutorado, USP, 1992).

Sobre a autora

Marly Silva da Motta é doutora em história social pela Universidade Federal Fluminense (UFF), pesquisadora do Centro de Pesquisa e Documentação de História Contemporânea do Brasil da Fundação Getulio Vargas (CPDOC-FGV) e professora do Curso de Graduação em Economia da Fundação Getulio Vargas. Interessada nos estudos sobre a questão nacional no Brasil, publicou em 1992 *A nação faz cem anos: A questão nacional no centenário da Independência*, livro baseado na dissertação de mestrado defendida na Universidade Federal do Rio de Janeiro um ano antes. A partir de então, concentrou suas pesquisas na área de história política da cidade do Rio de Janeiro, tema sobre o qual publicou vários artigos e dois livros: *Saudades da Guanabara: O campo político da cidade do Rio de Janeiro de 1960 a 1975* e *Rio de Janeiro: De cidade-capital a estado da Guanabara*, baseado na tese de doutorado defendida em 1997. Foi coordenadora do Setor de História Oral e do Núcleo de Pesquisas e Estudos do Rio de Janeiro, ambos no CPDOC. Atualmente, dedica-se à elaboração, juntamente com o professor Américo Freire, de um livro didático de história do Brasil para o ensino médio a ser lançado brevemente.

Coleção Descobrindo o Brasil

direção: Celso Castro

ALGUNS VOLUMES JÁ PUBLICADOS:

Sambaqui: Arqueologia do litoral brasileiro
Madu Gaspar

A arte rupestre no Brasil
Madu Gaspar

Os índios antes do Brasil
Carlos Fausto

O Brasil no Império português
Janaína Amado e Luiz Carlos Figueiredo

O nascimento da imprensa brasileira
Isabel Lustosa

O período das Regências (1831-1840)
Marco Morel

O Império em procissão
Lilia Moritz Schwarcz

Uma viagem com Debret
Valéria Lima

Escravidão e cidadania no Brasil monárquico
Hebe Maria Mattos

A fotografia no Império
Pedro Karp Vasquez

A Proclamação da República
Celso Castro

Rio, cidade-capital
Marly Motta

Código Civil e cidadania
Keila Grinberg

O Brasil dos imigrantes
Lucia Lippi Oliveira

A invenção do Exército brasileiro
Celso Castro

O pensamento nacionalista autoritário
Boris Fausto

Modernismo e música brasileira
Elizabeth Travassos

Os intelectuais da educação
Helena Bomeny

Cidadania e direitos do trabalho
Angela de Castro Gomes

O Estado Novo
Maria Celina D'Araujo

O sindicalismo brasileiro após 1930
Marcelo Badaró Mattos

Partidos políticos no Brasil (1945-2000)
Rogério Schmitt

A Era do Rádio
Lia Calabre

Da Bossa Nova à Tropicália
Santuza Cambraia Naves

Ditadura militar, esquerdas e sociedade
Daniel Aarão Reis

O mundo psi no Brasil
Jane Russo

A modernização da imprensa (1970-2000)
Alzira Alves de Abreu

Política externa e meio ambiente
Lílian C.B. Duarte

História do voto no Brasil
Jairo Nicolau

Como falam os brasileiros
Yonne Leite e Dinah Callou

As formas do espaço brasileiro
Pedro Geiger